AF298789

Lettre

DU

PÈRE

A CHARLES DUVEYRIER,

SUR LA

VIE ÉTERNELLE.

(JUIN 1830.)

PARIS,

CHEZ ALEXANDRE JOHANNEAU, LIBRAIRE,

RUE DU COQ-SAINT-HONORÉ, Nº 8 BIS.

1834.

Lettre

DU

PÈRE

A CHARLES DUVEYRIER,

SUR LA

VIE ÉTERNELLE

(JUIN 1830)

PARIS,

LIBRAIRIE ... JOHANNEAU, LIBRAIRE,

RUE ... SAINT-GERMAIN, ...

1858

NOTE

Écrite par **LE PÈRE** a Sainte-Pélagie.

Cette lettre fut la première expression de ma foi dans la vie éternelle. Bazard et Rodrigues n'étaient occupés, depuis assez long-tems, qu'à la combattre, sans rien affirmer de leur côté. Rodrigues particulièrement se récusait presque, disant que, pour lui-même, il se sentait peu le besoin de chercher à *formuler* sa pensée à cet égard (voir ma lettre à Duveyrier, du 7 juin 1830). Bazard cherchait plutôt les lacunes que présentait ma *formule*, qu'il ne s'efforçait de *formuler* lui-même quelque chose ; et il me rendit le service de me faire sentir, par sa critique, combien cette lettre est trop exclusivement *humaine* ; combien les corps, les mondes, les couleurs, la *matière*, en un mot, y joue un faible rôle ; combien cette vie est plus *philanthropique* que RELIGIEUSE selon notre dogme ; combien, par conséquent, elle est peu mystérieuse, vague, nuageuse, rêveuse, fantastique, mais bien au contraire positive, arrêtée, formulée ; combien elle est *dogmatique* enfin, et non POÉTIQUE, car la face du CULTE y est obscure. Charles, au contraire, dans sa correspondance, avait ce dernier caractère d'une manière presque exclusive ; et c'est bien aussi un peu par réaction contre sa nature spéciale, que j'avais mis en saillie plutôt la transformation de la foi chrétienne que celle des idolâtres.

Cette lettre est restée jusqu'à notre retraite de Ménilmontant sans donner lieu à enseignement (voir la lettre de Gustave au PÈRE, du 7 août 1832) ; c'est seulement au moment où la Famille devait prendre une vie d'indépendance, que j'en fis le texte de quelques réunions, et que j'en prescrivis la copie et l'étude.

Le jour où j'en fis le premier enseignement, j'écrivis sur un tableau la note suivante, qui resta sous les yeux de tous à chaque réunion :

La VIE de l'homme, c'est **DIEU**, tel que l'homme le SENT.

Elle est **INDÉFINIE** { s'exprime dans le tems par l'ÉTERNITÉ ; se manifeste dans l'espace par l'IMMENSITÉ.

La VIE est donc selon la foi que l'on a dans

l'ÉTERNITÉ } VIVANTE, c'est-à-dire en **DIEU**.
l'IMMENSITÉ }

Je vis, où Dieu est en moi, en vous, en nous.

Dieu est le NOUS éternel, immense, lien de vous et de moi.

Ma vie religieuse consiste à vivre

POUR **VOUS** **ET** POUR **MOI** (*devoir* et *intérêt*);

PAR **MOI** **ET** PAR **VOUS** (*gloire* et *humilité*);

EN **MOI** **COMME** EN **VOUS** (RELIGION);

Vous êtes un aspect de ma vie, et je suis un aspect de la vôtre.

Si vous comprenez et pratiquez ainsi

la vie **PRÉSENTE**,

vous aurez

l'intelligence et l'art

de la vie

PASSÉE et FUTURE

selon notre foi ;

et réciproquement, votre croyance dans la vie

PASSÉE et FUTURE

resserrera le lien qui unit les deux aspects

de **NOTRE** vie,

VOUS et MOI.

A CHARLES DUVEYRIER.

Juin 1830.

Revenez, cher enfant, vous avez besoin d'être près de nous , vous ne nous entendez plus.

Où avez-vous pris toutes les choses contre lesquelles vous vous débattez dans votre seconde lettre ?

M'avez-vous jamais entendu dire que ce fût une raison pour moi , parce que *je* ne sens pas ce que faisait *saint Paul* DE LA MÊME MANIÈRE que *je* sens ce que *je* faisais hier, de déclarer :

1° Que *saint Paul* ne vit pas en *moi,* établissant , *lui saint Paul,* cette chaîne que *je* ne peux pas établir sans discontinuité, et se rappelant, *lui saint Paul ,* ce qu'*il* a fait, COMME *je* me rappelle ce que *j*'ai fait ;

2° Que *je* ne vivrai pas un jour en *un autre,* qui, *lui,* ne liera pas son *présent* à son *passé* Enfantin et à son *passé* saint Paul , tandis que *moi* je lierai mon *présent* d'aujourd'hui, qui sera devenu mon *passé,* à mon avenir d'aujourd'hui, qui sera devenu mon *présent ;* je les lierai , dis-je, d'une manière continue , *comme* je lie les événemens de ma VIE.

Vous savez bien que l'objection qui porte sur l'*inconscience,* dans le VIVANT, de son IDENTITÉ PROGRESSIVE avec le MORT ou avec le NON-NÉ, c'est-à-dire avec ce qui FUT et ce qui SERA, n'a jamais été une question embarrassante pour moi, car je ne chercherai jamais à voir l'*avenir* et le *passé* comme je vois le

PRÉSENT ; Dieu seul le peut: de même, je ne tenterai jamais d'expliquer *pourquoi* la NAISSANCE et *pourquoi* la MORT, c'est-à-dire *pourquoi* le VIVANT *a commencé* et *finira*, quoique je SENTE que je suis ÉTERNEL.

Je dis donc simplement, car je dois confesser aussi bien ma qualité d'être *fini* que ma puissance de manifestation d'être *infini*, je dis donc :

$$\left.\begin{array}{l} \text{Je suis } né \text{ en 1796} \\ \text{Je } mourrai \text{ en x} \end{array}\right\} \begin{array}{l} \text{naissance et mort,} \\ \text{manifestation} \\ finie \text{ de l'infini;} \end{array}$$

et cependant

$$\left.\begin{array}{l} \text{Je suis, j'ai été, je serai} \\ \text{de toute ÉTERNITÉ} \end{array}\right\} \begin{array}{l} \text{la vie, manifestation} \\ indéfinie \text{ de l'infini,} \end{array}$$

Car je suis HOMME-DIEU.

Enfantin qui naît et qui meurt n'est donc que la manifestation dans le *tems* et dans l'*espace* de l'Enfantin ÉTERNEL. Mais l'Enfantin ÉTERNEL contient *toutes* ses manifestations; aucune d'elles ne saurait donc être ANÉANTIE. Cette manifestation de 1830 *sera* donc toujours.

Lorsque, dans ma vie PRÉSENTE, je m'occupe de ma vie *passée* ou de ma vie *future*, j'ai bien devant moi trois choses DISTINCTES l'une de l'autre. Sans doute les deux dernières se trouvent LIÉES *dans* (matière) et *par* (esprit) la première, mais LIÉES ne veut dire ni ABSORBÉES, ni CONFONDUES ; or, c'est ce que vous faites continuellement. Partout où je veux *me* voir vivre, il faut que je trouve réalisé, PRÉSENT, VIVANT, mon amour du *passé* et de l'*avenir*.

De ce que nous avons dit que le présent était le *résumé* du passé et le *germe* de l'avenir, il ne faut pas en conclure que,

— 9 —

pour l'homme, il n'y a QUE PRÉSENT : cette conclusion ferait de l'homme *Dieu lui-même*. Or, cher enfant, c'est ce que vous faites sans cesse, et vous appelez cela de la *poésie* ; mais qui veut faire la poésie de Dieu rêve et n'est pas poète : disons les joies de l'*homme-Dieu*, nous serons poètes.

J'AIME ce qui *fut* grand, ce qui *sera* grand ; en moi EST ce qui *a été* grand et ce qui *sera* grand : c'est pourquoi je suis grand.

Le vieux saint Paul *se réjouit en moi* de ses progrès ; *il* les sent, comme *je* sens ceux que j'ai faits depuis mon enfance, car *il* les LIE sans solution de continuité, comme *je* LIE la veille au lendemain ; et c'est A CETTE CONDITION SEULE que je peux dire : saint Paul vit ; SANS CETTE CONDITION, il n'y a pas de vie future, saint Paul est mort : absurdité !

Eh ! pourquoi, puisque vous vouliez combattre *cet aspect* de la vie future que je vous présentais plus *particulièrement* parce que vous le négligiez *absolument*, ne m'avez-vous pas dit :

« Mon Père, il y aura donc deux êtres, trois êtres, un nom- » bre infini d'êtres en vous ? »

C'est là en effet toute l'objection que vous pouviez faire à ma foi : et quelle objection, grand Dieu ! Dieu INFINI, Dieu *un* et *multiple !* mon fils qui veut que je sois *un* et non pas *multiple !!* ÊTRE DES ÊTRES ! ne renfermes-tu pas dans ton sein des *êtres* aimans, *sages* et puissans *comme toi ?*

Mon Père ! Dieu d'amour ! voici mon fils qui ne veut pas que je *le* sente pleurer, jouir *en moi* ; et j'en souffre. Mais toi, mon Père, je suis *en toi*, et la douleur de ton fils ne l'as-tu pas sentie ?

Charles, tu veux être *un* aussi et ne pas *me* sentir *en toi*.

Mais, dis-moi, comment seraient donc UNIS ces deux êtres,
moi et *toi*, si nos vies *individuelles* n'étaient pas en même
tems *collectives* ; si toi, petit-monde, si moi, petit-monde aussi,
nous n'étions pas l'un et l'autre UNIS en Dieu, *univers vivant*
qui s'AIME dans son *unité* et sa *multiplicité* INFINIES ?

Me diras-tu que *toi*, *ta vie*, que *ton être*, c'est ce Charles
qui, en ce moment, est à cent lieues de moi ? Eh bien ! moi j'affirme que tu te trompes, car ce n'est qu'*un* des aspects de ton être.
Tu ne *te* connais pas, tu ne t'es pas encore senti *tout entier*,
tu n'aimes pas même encore, fils de chrétien, *ton prochain
comme toi-même* ; tu ne *t'*es pas vu DANS le *grand-monde* ; tu n'as
pas vu le *grand-monde* EN *toi* ; tu n'es pas encore SAINT-
SIMONIEN ; que dis-je, tu retournes vers MOÏSE ; tu n'as pas
compris JÉSUS.

Oui, tu n'as pas compris Jésus, car tu ne conçois pas la vie
de l'*esprit*, la vie du *non-moi*, la vie du *grand-monde* ; tu retournes vers Moïse, car tu ne sens que la vie de la *matière*, la
vie du *moi*, la vie du *petit-monde* ; tu n'es pas Saint-Simonien,
car il faut les saisir *l'une* ET *l'autre*, pour jouir, dans le *tems* et
dans l'*espace*, de la vie PROGRESSIVE d'AMOUR que Saint-
Simon nous a donnée.

Écoute :

Les chrétiens sont des rêveurs, les magnétiseurs aussi sont
des rêveurs ; moi seul je ne *rêve* pas, je VIS. Mais les chrétiens et
les magnétiseurs, leurs rêves, comme les tiens, sont des leçons
que Dieu m'a données : j'en profite ; écoute donc, et rappelle-
toi aussi la *métempsychose* ; c'était encore un rêve, profitons-en.
Songe aussi qu'il y a des matérialistes, théurgiens, sabéens
ou autres, dont les rêves doivent nous servir ; profitons-en, et

que notre vie future saint-simonienne donne joie et bénédiction à TOUS : voilà mon ÉCLECTISME ; et maintenant voici ma RÉVÉLATION ; écoute donc :

Ma vie est INDÉFINIE[1], UNE[3] et MULTIPLE[2] :

Elle se manifeste { *en* moi[3] / *hors* de moi[2] } et par

l'union[1]

du *moi* et du *non-moi* ;

Elle se manifeste { matériellement[3] / spirituellement[2] } et

AMOUREUSEMENT[1].

C'est, à proprement parler, ce dernier aspect qui renferme celui de l'ÉTERNITÉ[1] de mon être ; mais tous *trois* me sont INDISPENSABLES pour

aimer[1], comprendre[2] et pratiquer[3]

la VIE.

Petit-monde[3] *et* grand-monde[2],

union[1]

du petit-monde et du grand-monde,

voilà la VIE.

Les uns cherchent la vie PARTICULIÈREMENT *hors d'eux*[1], et ils méprisent le *petit-monde*[3], *leurs corps*[3], la *matière*[3] ; ils se plongent dans les travaux de l'*esprit*[2] : ce sont les chrétiens.

Les autres ne veulent la voir qu'*en eux* : ce sont les païens et les matérialistes.

Les premiers portent la dévotion jusqu'au SUICIDE par *absti-nence*, et jusqu'à l'HOMICIDE par *pénitence*. Les seconds la font aller jusqu'à l'HOMICIDE par *violence* et jusqu'au SUICIDE par *incontinence*. L'un *s'abîme* dans le *non-moi* qui est son Dieu ; l'autre voudrait *l'engloutir* en *lui*.

Et MOI, je veux trouver la vie aussi bien en *moi* qu'en ce qui *n'est pas moi*, parce que j'UNIS moi à ce qui n'est pas moi, parce que *je m'aime* comme *je t'aime* ; je suis

Saint-Simonien.

Quand je te parlerai de ma vie telle que je la *sens*, telle que je la *veux*, telle que je l'*aime hors de moi*, ne me fais donc pas des objections qui ne pourraient être appliquées qu'à ma vie telle que je la sens *en moi*, et réciproquement ; c'est-à-dire, ne me com-bats pas en *matérialiste*, lorsque je me place VOLONTAIREMENT sur le terrain *spiritualiste* ; ni en *spiritualiste*, quand JE VEUX être momentanément *matérialiste* : observe si je manie bien et alternativement les deux mouvemens de la pompe ; alors tu diras vraiment :

Saint-Simon est là.

Je te CONÇOIS

par la pensée ET *par le toucher*,

absent ET *présent*,

hors de moi ET *en moi*,

spirituellement ET *matériellement*,

dans le tems ET *dans l'espace* ;

Et je dis avec autant d'assurance, TU VIS *en moi* que TU VIS *hors de moi*; et quand je dis simplement tu vis, c'est de l'une ET de l'autre vie que j'entends parler, car ce sont deux aspects différens, mais *indispensables*, de ton être.

Je te le répète, quand je parle de *l'un* de ces aspects, fais-y bien attention; ne me réponds pas comme si je parlais de *l'autre*, ou comme si je n'en tenais pas compte et l'OUBLIAIS: sans cela nous ne nous entendrions pas; tu m'accuserais d'être *exclusif*, quand je ne *paraîtrais* l'être que parce que je veux te faire sentir ce que tu exclus; ou bien notre désaccord serait le même qui aurait lieu si, lorsque je te prie d'être *attentif*, d'écouter, d'être PASSIF, tu regardais les mouches voler, tu bavardais, tu AGISSAIS. Nous n'irions pas loin ainsi, nous ne serions pas UN, nous ne vivrions pas d'une vie HARMONIQUE.

N'oublie pas non plus que celui qui ne *sent* pas *ces deux aspects* de la vie ne *sent pas la vie.*

Je te conçois, dis-je, par la pensée et par le toucher; tu vis en moi et hors de moi, spirituellement et matériellement; mais n'oublie pas que je n'entends pas dire par là, que TOUTE ta vie soit en moi, ou que TOUTE ta vie soit hors de moi; ce sont les deux aspects sous lesquels je te conçois, je t'aime, sous lesquels, par conséquent, je dis que TU ES.

Or, je veux que tu vives toujours, car je t'aime; je veux que tu progresses toujours, car je t'aime; je veux donc que ta vie *en moi* (ou spirituelle) et ta vie *hors de moi* (ou matérielle) soient éternellement continues et progressives, comme je les vois se continuer et progresser, à l'instant même, en moi et hors de moi.

Que fais-je pour t'améliorer?

Je *songe* à toi et ensuite j'*agis* sur toi, ou bien tu *agis* sur moi et ensuite je *songe* à toi (*priori, posteriori*) ; et lorsque ton Père te parle, cher fils, lorsqu'il *se révèle* à toi, ne sens-tu pas que *tu* étais déjà meilleur *en lui*, dans *sa pensée*, c'est-à-dire *hors de toi*, que tu ne l'étais *en toi*, dans *ta chair* ? et n'est-ce pas en mettant *ces deux aspects* de ton être en HARMONIE, que tu grandis en AMOUR ?

Enfant, ne me vois-tu pas pleurer lorsque tu *vas* pleurer, et n'es-tu pas un *miroir* fidèle du sourire de ton Père ? ne te précipites-tu pas dans ses bras, lorsqu'il t'ouvre les siens, et ne dis-tu pas alors :

« Ah ! mon Père, il faut bien que JE sois autant *en vous* qu'en
» *moi-même*, car ma vie n'est COMPLÈTE qu'en ce moment où
» je vous embrasse, qu'en ce moment où *votre* bouche a LIÉ
» sur *mon* front les *deux moitiés* de moi-même : NOTRE baiser
» est le mystérieux emblême de MA vie, c'est aussi celui de la
» VÔTRE. »

Oui, Charles, tu vis en moi, comme je vis en toi, car tu es *mon* fils et je suis *ton* Père, et le *Père* et le *fils*, UNIS D'AMOUR, ne font qu'un, quoiqu'ils soient distincts l'un pour l'autre. Tu vis en moi, mais tu n'y vis pas *seul*, car je suis l'enfant de *mes* Pères, le Père de *mes* enfans ; je suis un être éternel, je suis un monde,

Je suis HOMME-DIEU.

Tu vis en moi, car tu es mon *espoir* ; mais tu n'es pas mon *souvenir*. Je t'ai vu *naître*, tu es mon fils ; mais à Olinde, à Saint-Simon *je dois* la vie.

Je suis ce Saint-Simon *mort*, VIVANT et *naissant* ; *passé*, PRÉsent et *futur*; ce Saint-Simon *éternellement* progressif, manifesté dans le *tems* par le *nom* d'Enfantin; dans l'*espace* par les *formes* d'Enfantin : c'est PAR MOI et EN MOI que Saint-Simon s'avance vers **DIEU**; c'est *par* mon fils et *en* mon fils que j'y marcherai, que j'y porterai Saint-Simon, lorsque, par la mort, JE me serai plus amoureusement uni à LUI, en mon FILS.

C'est par moi que Saint-Simon marche vers Dieu, car *je* suis, en vérité, *ce que* Dieu a voulu que fût éternellement Saint-Simon, le père de tous les hommes; mais c'est en moi que Saint-Simon s'avance vers Dieu, car ce Saint-Simon développé (*moi*) renferme tous les développemens déjà accomplis du père de tous les hommes, et Saint-Simon lui-même n'est qu'un des termes du développement du Saint-Simon éternel. Or, je suis, dans le tems, *résumé*[2] et *germe*[3] de ce Saint-Simon éternel, manifesté *en* moi et *par* moi.

C'est *par* toi, peut-être, que je m'avancerai vers Dieu, cher fils, entraînant avec moi et par toi mon père, car *tu* continuerais *notre* œuvre; tu serais alors ce que Dieu me promet d'être toujours, le premier engendreur des hommes; mais c'est en toi que ma vie *présente* se sentira grandir, car *je* DISTINGUERAI toujours ce que j'étais par *moi* de ce que je serai par *toi*; et cette DIFFÉRENCE, tu ne pourras pas l'établir comme moi, *durant* ta *vie*, parce que *tu* ne seras pas *moi*, tu seras toujours *toi*, tu seras *nous tous*; mais tu ne seras, je le répète, ni Olinde, ni Saint-Simon, ni saint Paul, ni Jésus, ni Moïse; tu seras, toi vivant, Charles Duveyrier, jusqu'à ce ce que la mort te *réunisse* à tes pères (comme le croyaient les *Juifs*); et te donne l'entrée dans une vie nouvelle (ciel des *Chrétiens*) où tu seras avec tes enfans.

Oui, Charles, les Juifs et les Chrétiens ont eu raison, les uns en brûlant de se réunir au *passé* qu'ils vénéraient, les autres en désirant se plonger dans l'*avenir* qu'ils adoraient : la mort me donne cette *double* joie ; je suis *Saint-Simonien!*

Les *Juifs* désiraient si ardemment la *vie passée*, dans leurs croyances sur la mort, précisément parce qu'ils *pratiquaient* PARTICULIÈREMENT la *matière*, précisément parce que les promesses faites à Israël étaient surtout *temporelles*.

L'individu SE DONNAIT *ce que le peuple* N'ESPÉRAIT PAS.

De même, le *Chrétien* désirait ardemment la *vie future*, dans ses croyances sur la mort, parce qu'il *pratiquait* PARTICULIÈREMENT l'*esprit*, parce que les promesses faites à l'espèce humaine tout entière étaient *spirituelles*.

L'homme ESPÉRAIT *ce que la société* NE DONNAIT PAS.

Il n'y a plus aujourd'hui qu'UNE SEULE et même promesse, faite à *chacun* comme à *tous* ; mais cette promesse est celle du PROGRÈS, et elle se présente sous un *double* aspect, comme tout ce qui est progrès pour l'homme : nous voulons nous unir au *passé* pour L'élever, à l'*avenir* pour NOUS élever ; la mort est le moment de cette double union ; Juifs et Chrétiens, bénissez SAINT-SIMON!!!

Israël, tu rentreras dans le sein de ton Père ! Chrétien, les portes du ciel sont aux limites du purgatoire, et le purgatoire, c'est la vie ÉTERNELLEMENT PROGRESSIVE. MARIE, va aux limbes saint-simoniennes, c'est notre terre ; viens, ma mère, tu y trouveras ton fils grandissant en Saint-Simon ! Il avait *consenti* le baptême de la CHAIR ; il *inventa* celui de l'ESPRIT ; il *appelle* celui de l'AMOUR ; Saint-Simon le lui a fait désirer. MARIE, approche-toi de ton fils ; il n'est plus seulement le fils de

JÉHOVAH ou le fils de l'HOMME, il ne te dira plus : *Femme, qu'y a-t-il de commun entre vous et moi?*

Charles, je suis désireux de m'unir au *passé*, de m'unir à l'*avenir*, et ma vie est un effort continuel d'AMOUR vers ce DOUBLE but ; j'ai voulu ÊTRE AIMÉ de mon *père* et j'AI GRANDI ; J'AIME mes *enfans* et je GRANDIS encore.

Je veux m'UNIR à eux, mais l'UNION pour moi n'est pas la confusion, c'est l'amour, et l'amour qui DISTINGUE en UNISSANT ; je veux m'unir à mon père, c'est-à-dire le chérir plus ardemment chaque jour ; mais je veux DISTINGUER *mon père* de *moi;* je veux qu'il ait SA vie PROPRE et moi MA vie PROPRE, et que cependant nos vies ne soient qu'*une seule* et même vie, se déroulant dans le sein de Dieu ; SANS CELA, je *le* condamnerais et je *me* condamnerais à l'ANÉANTISSEMENT ; or, je veux VIVRE ; ou bien encore, SANS CELA, je *l'*élèverais ou je *m'*élèverais à l'état *divin* ; or, je suis *homme-Dieu*, mais je ne suis pas DIEU !

Je te le dis avec amour, cher fils, la promesse que tu me fais ne sourit pas à mon cœur. Tu veux que, prêt à quitter la vie, te donnant mon dernier baiser (toi que je suppose, pour un instant, le digne successeur de mon amour, de ma vie), tu veux, dis-je, me *consoler* du départ, en me montrant que mon œuvre ne sera pas interrompue ; que toi, toi que j'embrasse à l'instant, tu vas, portant glorieusement le sceptre qui s'échappe de ma main défaillante, conduire l'humanité, mieux encore que je ne la dirigeais, vers son brillant avenir. Je t'entends bientôt t'écrier, au moment où se fermera ma paupière : « Mes » enfans, je suis votre Père ! »—Je te conçois, tu *nais* à la vie, tu n'en vois QUE l'*aurore*, tu n'a pas de *passé;* ou, plutôt, le soleil brille AU MILIEU DE SA COURSE sur ta tête brûlante ; tu célèbres l'heure de MIDI ; pour toi plus d'étoile MATINALE, pas de rosée du SOIR ; et, dans ton enthousiasme, tu t'écries : *Je suis, je vis, j'aime, je brûle*..... Non, tu ne vis pas, tu es en *délire* ; nouveau Josué, voudrais-tu faire oublier à la terre qu'elle tourne sans cesse ! Va, conduis le troupeau que je t'abandonne ; aime-le, IL *m'est* AUSSI *cher* QUE MOI-MÊME ; mais laisse-moi croire que *je* serai toujours avec *toi*, avec toi que j'aime, avec toi que j'ai toujours *distingué* de moi, avec toi qui seras toujours *mon fils* ; j'ai trop joui de ma paternité pour vouloir en briser la chaîne ; laisse-*moi* marcher avec *toi, te* suivre, voir les progrès de *ton* amour, en *profiter*, m'élever par *eux* vers le Dieu que *l'un* ET *l'autre* nous adorons. Ce Dieu *en* qui et *par* qui nous sommes UNIS d'amour, mais *en* qui et *par* qui nous sommes aussi DISTINCTS *l'un* de *l'autre*, M'a donné à parcourir une carrière qui n'est pas la TIENNE ; MON amour n'est pas le TIEN et ne sera jamais le TIEN, *quand bien même* UN SEUL *esprit* et UNE MÊME *chair* les UNIRAIENT ; sous cette forme nouvelle que notre UNION aurait revêtue, JE serais encore, et TU serais encore, plus aimans L'UN ET L'AUTRE que NOUS ne le sommes aujourd'hui ; mais JE TE chérirais, TU M'aimerais toujours ; NOUS n'aurions plus qu'un même amour, qu'une même pensée, qu'une même chair, comme nous n'avons qu'un même DIEU ; mais nous nous sentirions UNIS et non pas CONFONDUS.

Cher fils, nous n'aimons pas encore, car tu n'as pas reçu de la main de ton père l'ange qui doit compléter ton existence ; ton père lui-même, qui te parle, cherche ta mère ; il ne l'a point trouvée ; et nous osons parler d'amour ! et nous osons rêver l'union des êtres ! et tu veux qu'à ta voix la vierge de l'avenir s'écrie : C'est lui ! — Elle ne le dira pas ! — Que lui promets-tu ?

Elle *t'aime*, et tu lui dis clairement, malgré l'entourage dont tu obscurcis ta parole, qu'elle en aimera *un autre*, tandis que c'est *toi*, toujours *toi*, mais *toi* toujours MEILLEUR, qu'elle veut aimer : car, si elle t'adore, UNE PARTIE de son bonheur consiste à *te* voir heureux des SOUVENIRS du bonheur qu'*hier* elle te donnait ; et ces souvenirs, le nouvel époux, *ton* successeur, les aura-t-il comme *toi* ? Lorsque ce Charles nouveau la conduira une *seconde* fois à l'autel, ce sera *lui* ET *toi*, lui *présent* ET toi *passé ;* vous serez *deux* qui ferez battre son cœur de *souvenirs* et d'*espérances*, car elle t'*aura* aimé, et tout ce qu'elle AURA aimé, elle l'AIMERA encore, elle l'AIMERA toujours ; le premier jour où elle te donna sa foi, elle sentait cet amour *éternel* en te disant : *Je t'aime.*

Je le sais, tu crois, parce qu'elle ne touchera qu'UNE SEULE MAIN, parce qu'elle ne verra près d'elle, à l'autel, qu'UN SEUL HOMME, parce qu'elle n'entendra dans cet heureux instant qu'UNE SEULE VOIX, qu'elle dira : Charles n'est plus LA, Jules *seul* EXISTE.

Et moi, je te dis encore que tu ne connais pas la *vie*, que tu ne connais pas l'*amour*. Charles et Jules, manifestations d'*un même* être, ont vécu SÉPARÉS, sous deux formes DISTINCTES ; Charles et Jules s'aimaient, s'UNISSAIENT chaque jour de plus en plus ; ils seront unis un jour sous une seule forme ; Jules deviendra *Charles-*ET-*Jules* ; Charles ET Jules ne feront qu'*un* ; mais ce nouveau Jules sera aussi un nouveau Charles, car l'ancien Jules ET l'ancien Charles se trouveront *en lui ;* il sera l'ancien Jules développé par la *vie*, mais il sera aussi l'ancien Charles régénéré par la *mort ;* et l'un ET l'autre auront conscience de leur progrès, car tous deux *vivront* encore PUISqu'ils *vivaient*, et le nouveau Jules n'est que leur UNION ; il ne les a pas plus *confondus* qu'il ne les a *anéantis* ; tous trois vivent et vivront éternellement.

Je me fatigue, Charles, à te faire de la métaphysique sur moi, toi, nous ; sur 3, 2, 1 ; sur avenir, passé et présent ; je devrais m'arrêter, car tu dois m'avoir *compris*, et je voudrais te faire mieux SENTIR ; il faut cependant que je continue.

Me diras-tu comment l'homme et la femme *s'attirent ?* suivant quelle loi ils *s'attirent ?* quelle est la cause et la fin de cette *attraction ?*

Toute *attraction* est le *symbole* de l'UNITÉ *divine*, UNITÉ *sentie* par l'homme, PARCE QU'ELLE est infinie ; *incompréhensible* pour l'homme PARCE QU'ELLE est infinie ; vers laquelle l'homme s'avance progressivement par les forces de son être, par les tendances de TOUS les êtres vers elle, c'est-à-dire par l'amour dont IL est embrâsé *pour* TOUT, par l'amour qu'il attend *de* TOUT, PARCE QUE cette UNITÉ INFINIE est TOUT.

L'homme et la femme *s'attirent* pour CONCEVOIR et RÉALISER l'union de DEUX êtres en UN seul être.

Le FILS, c'est l'*époux* et l'*épouse* RÉGÉNÉRÉS ; le FILS, c'est le couple *un* et *double* DÉVELOPPÉ. Voilà pourquoi l'homme ET la femme sont l'INDIVIDU social ; c'est pour cela aussi que l'humanité est un seul être *un* et *multiple* SEMBLABLE A LUI-MÊME DANS CHACUNE DE SES MANIFESTATIONS ; c'est pour cela enfin que Dieu est androgyne, et que l'homme peut se sentir progresser DANS le TEMS et PAR l'ESPACE vers l'AMOUR ÉTERNEL et INFINI.

Ce que je te dis, cher fils, pour l'UNION de l'homme et de la femme, je te le dis pour tout ce qui m'ATTIRE, pour tout ce que j'AIME ; je te le dis pour ce monde que *ma* force façonne, que *mon*

intelligence étudie, pour ce monde qui *m'*embellit et *m'*instruit.
Union d'amour, *union* d'esprit, *union* de matière, telle est
la vie de l'homme, tels sont les phénomènes *qui* lui révèlent
CONSTAMMENT et *que* lui révèle PARTOUT l'UNITÉ DIVINE,
vers laquelle il ne s'avance qu'à la condition de s'*unir* d'amour,
d'esprit et de matière avec TOUT CE QUI EST. Chaque pas
qu'il fait dans cette adorable COMMUNION est un *produit* nouveau d'amour, d'intelligence et de matière ; dans sa marche, il
engendre les ÊTRES, les *idées* et les *formes* ; il est PRÊTRE,
savant, industriel. Et ce produit (dont le germe, UN ET DOUBLE
renfermé dans les DEUX *agens* du produit, co-existait *en* eux et
par eux) s'avance à son tour (et seulement alors d'une manière
manifeste pour l'homme, être imparfait) vers la fin et la
cause de tout germe, de tout être, vers l'amour *infini,* vers la
vie *universelle.*

. Tu *étais* donc avant de naître, et tu *seras* après la mort.
Qu'*étais*-tu, où *étais*-tu ? Que *seras*-tu, où *seras*-tu ?

Sans doute tu me répondras que tu étais et que tu seras
ce *que* et *où* tu voudrais *avoir été,* et *ce que* et *où* tu voudrais
être un jour. Dieu, diras-tu, ne nous donne pas en vain des
affections pour le *passé* et pour l'*avenir,* dans le PRÉSENT ; il
nous révèle ainsi notre *origine* et notre *but :* telle est la condition de notre PROGRÈS CONSTANT vers lui. — Tout cela est vrai ;
mais n'oublie pas qu'il veut que nous *distinguions* le germe du
fruit, la terre du grain qu'elle renferme, le père du fils,
l'époux de l'épouse, l'agent du patient, le produit du produc-
teur. Tu te rappelles ce que furent les premiers cavaliers es-
pagnols pour les Américains, des Centaures ; prends garde de
faire comme les Américains.

Oui, je le sens, on peut désirer, par un effort d'exaltation morale, *avoir été* saint Paul, et, de plus, être encore *un jour* saint Paul; de même, dans un moment d'extase, tu pourrais me dire : Mon Père, *vous* êtes *moi-même*; et à Jules : Cher fils, *tu es moi*; — mais, avec une pareille langue ultra-poétique, l'humanité ne marcherait pas. C'est peut-être la seule qu'elle parlera un jour, le jour où elle aura accompli sa destination; mais, certainement, jusque-là cette langue ne lui suffirait pas. Remarque bien que ce ne peut être que dans un moment d'*oubli* complet de *moi-même* (oubli qui, s'il durait, serait une *impiété*), que je voudrais avoir été saint Paul; car je voudrais aussi l'avoir AIMÉ, l'avoir *vu*, l'avoir *écouté*, et, pour cela, il n'aurait pas fallu avoir été *lui*; de même, je ne voudrais pas être la femme que j'aimerais, quoique je désirasse m'unir à elle d'*un seul* amour; de même encore *je* ne veux pas être *toi*, cher enfant.

Ce que je veux croire, c'est que je suis le *descendant* direct de saint Paul, c'est-à-dire que j'étais *en lui*, EN GERME, comme il est aujourd'hui RÉSUMÉ *en moi;* que je suis son *germe* développé (un chrétien aurait dit seulement son *verbe*, et un juif sa *chair*), et que je renferme en moi le germe d'un nouveau saint Paul; que saint Paul enfin vit en moi, comme je vivrai dans le nouveau saint Paul.

Maintenant je sais que tu feras l'objection suivante : tu diras que ma vie future ressemble beaucoup à la *gloire* des époques critiques.—Cela est vrai, et je m'en vante; elle y ressemble, car elle la contient; elle y ressemble, car la gloire est *une des faces* de ma vie; elle y ressemble, mais ma vie n'est pas *seulement* la gloire.

Tu ajouteras encore que cependant je ne parais vouloir vivre *que* dans la *mémoire des hommes* : — oui, sans doute, j'y veux
vivre ; mais qu'est-ce que vivre dans la mémoire des hommes,
si ce n'est vivre *spirituellement* en quelqu'un ; si ce n'est ce
qui correspond à cette face de l'amour *fini,* ÊTRE AIMÉ, moitié
de la vie de tout être ? Cet aspect n'aurait sans doute aucune
valeur moralisante, s'il était SEUL ; il serait même démorali-
sant, puisqu'il ne serait QU'*excentrique ;* et même, vivre dans
la mémoire des autres n'est qu'*un aspect* de la vie spirituelle ;
car je veux PENSER à *eux,* comme je veux qu'ils PENSENT à *moi ;*
et c'est pourquoi je dis que je vivrai dans la *mémoire* des hommes, mais que j'aurai *conscience* de cette existence ; alors ma
vie future *spirituelle* sera COMPLÈTE.

Mais pourquoi m'accuser de ne rêver *qu'*une vie future purement *spirituelle,* une vie qui consisterait à *penser* aux autres
et à occuper l'*esprit* des autres (ceci au moins est un aspect
INDISPENSABLE de la vie), lorsque je veux évidemment
AGIR sur les autres et SENTIR *leur* ACTION sur *moi ;* lorsque je
veux, en d'autres termes, que mes sentimens, que l'amour
qui m'anime, qui fait, qui est *ma vie ;* lorsque je veux, dis-je,
que cet amour serve toujours de lien à une intelligence, à des
actes qui *m'appartiendront* réellement dans l'avenir, quoiqu'ils
soient manifestés par un être qui comprendra *plus* que mon
intelligence et mes actes, *plus* que mon esprit et ma chair,
puisqu'il sera PLUS *savant* et PLUS *beau* que moi ; puisqu'il sera
le RÉSUMÉ de ma *science* et de mes *formes,* et le GERME d'une
science et d'une forme plus *aimantes* et plus *aimables* que les
miennes et que les siennes *propres ;* puisqu'il sera fils plus parfait que son père, père moins parfait que son fils.

Je serai *en lui* comme un être qui, passant d'une société barbare *dans* une société plus civilisée, se perfectionne par les progrès de son nouveau *milieu*, et *se* compare sans cesse à ce qu'*il était dans* sa société primitive.

Assez, assez de métaphysique, Charles ! Grâce à Dieu, grâce à l'amour que j'ai pour toi, pour tes frères, pour tes fils, pour tout ce qui vit autour de moi, grâce à ce besoin que j'éprouve de me sentir vivre *hors de moi* COMME *en moi*, je peux *m'*adresser à *toi*, et cependant *me* glorifier, *me* caresser, *me* sanctifier en *toi* ; je peux *m'*aimer en *t'*aimant, non parce que TOI et MOI ne formons qu'*un être indivisible* (Dieu seul pourrait parler ainsi, parce qu'il est infini), mais parce que, ALTERNATIVEMENT, je *te* sens *en moi* et je *me* sens *en toi*, et que c'est là vraiment *ma vie*.

Eh bien! *ma vie* est éternelle : la mort ne m'empêchera donc pas de *te* sentir *en moi*, de *me* sentir *en toi* ; la conscience que j'aurai de cette vie éternelle sera toujours double ; je jouirai plus que jamais de tes joies, tu jouiras plus que jamais de mes joies ; et nos douleurs nous seront plus que jamais COMMUNES.

Dis-moi, dans le jour où cette manifestation divine que tu as nommée ton père sera *transfigurée* ; dans ce jour qui sera, pour *moi*, le premier jour d'une vie NOUVELLE, crois-tu que je n'OCCUPERAI pas davantage ton *esprit*, que ta *chair* ne sera pas plus ÉMUE par mon SOUVENIR, que je ne *t'occupais*, que je ne *t'agitais*, la veille, par ma PRÉSENCE ?

Ces larmes qui baigneront tes yeux (car tu pleureras ; Saint-Simon n'a pas tari cette source d'amour), ces larmes, sois en sûr, cher Charles, me laisseront, *en toi*, une PLACE qui suffit à mon amour : ton père la remplira.

Oui, Charles, Eugène a lu avec moi la lettre de Margerin ; en répétant ces distiques savans et vigoureux, ton père était content, il jouissait ; ses narines se sont gonflées de l'orgueil divin ; mais pourquoi aussi une larme a-t-elle roulé sous sa paupière, larme indéfinissable de douleur et de joie, de passé et d'avenir, de regret et d'espérance ? Comment a-t-il LU, comment a-t-il ÉCRIT, dans les yeux de ce cher Olinde, *Eugène est content ?* Comment Olinde et moi, avons-nous pu nous ÉCRIER au même instant, *Eugène est content ?* Eugène était *là*, il était *en nous*, non, sans doute, *comme* il était naguères *avec nous*, car il ne fut un instant *avec* nous que pour être bientôt *en* nous ; et *nous* sommes aujourd'hui meilleurs de tout *son* amour, comme *il* est meilleur par tous *nos* progrès.

Ne me dis pas qu'il n'y a pas de VIE, d'ÊTRE, là où tu ne vois pas deux bras, deux jambes, une tête : tu ne sais pas ce que c'est que la vie ; ne fais pas un argument de *nombre* et d'*étendue* contre ce qui est au-dessus du *tems* et de l'*espace*, puisque le *tems* et l'*espace* ne comprendront jamais la VIE ; puisque notre amour a soif d'*éternité*, d'*immensité*, en un mot d'IMMORTALITÉ.

Je sens en moi un *monde* qui *va* naître ET un *monde* qui *est venu* s'UNIR à *lui*. Je sens *en moi*, et d'une manière *distincte*, toutes ces vies du passé dont tu m'as fait la peinture ; chacune d'elles a dit *en moi*, à ta parole, ME VOICI ! elles me *racontent* les souffrances du prophète et son *exaltation*, les joies de l'apôtre et sa *résignation* ; ET d'autres vies me *révèlent* la gloire de l'avenir : tous mes enfans *me* demandent d'aller là, ici, porter *mon* amour, épancher *ma* vie ; ils brûlent de *sortir de mon sein* pour répandre sur le monde la divine semence de leur Père ; et la vie est en effet donnée au monde ; et sur les bords de la Loire, dans les murs de Toulouse, des enfans ME *sont nés* ; car, bientôt, tu n'entendras plus la mère dire à son époux : mon ami, *nous avons* un fils ! sans qu'ils se soient écriés avant, l'un et l'autre : gloire à Dieu ! le *Père* a un enfant de plus !—Alors, ils auront compris *ma vie* ; ils sentiront que, pour donner à *tous* une vie nouvelle, Dieu avait mis *en moi* la vie de *tous* ; qu'en la répandant sur *eux*, *ma* vie s'est améliorée, s'est agrandie, s'est embellie ; ils sentiront aussi que le chef de l'avenir, le PÈRE, n'ôtera jamais la vie à l'un de ses enfans : ce serait un SUICIDE ; et ils auront des oreilles pour entendre, lorsque je leur dirai :

Enfans, *je* vous AIME, car NOUS sommes en **DIEU**, car vous ÊTES en *moi* et *je* SUIS en vous ; *je* vous *connais*, car vous procédez de *moi*, car vous *me comprenez* et je vous *pénètre* ; *je* vous *sens*, car *je* m'incarne à vous, car *je* vous *attire* et vous *venez* à *moi*.

*J'*ai dit dernièrement, par *ma* bouche ou par *celle d'un de mes fils*, que Saint-Simon, au milieu d'un monde qui se mourait, n'avait pas désespéré de l'humanité, dès qu'il avait senti *en lui* de quoi donner une nouvelle VIE *au monde*.—Vas-tu, jouant à ton tour contre moi le rôle glacial de la critique, me dire que le réservoir de vie de notre divin maître devait être bien grand, pour ne pas être épuisé ? ou bien, t'écrieras-tu : MÉTAPHORE !—Laisse cela au passé ; rappelle-toi que toute *forme* qui ÉMEUT le cœur de l'homme est *réelle*, est *fondée* ; laisse mépriser la métaphore à celui qui ne sait pas unir un homme à tous les hommes par un lien d'amour. Va, je ne dis pas une rêverie quand j'affirme que Saint-Simon nous a donné à tous la vie, que nos vies étaient *en lui*, que notre amour était contenu en germe dans son amour ; et ne me demande pas si, à cette époque, ton amour avait 5 pieds 6 pouces ; je n'ai jamais mesuré l'amour à la toise.

Saint-Simon, notre PÈRE ! ne nous as-tu pas sentis *avant* que nous fussions ?—Eugène, toi qui fus mon frère et mon fils, n'as-tu pas conçu dans ton amour la première prêtresse saint-simonienne ? Et, cependant, la prêtresse n'est pas encore à côté du prêtre, mais elle était *en germe* EN TOI, brûlante d'apparaître à nos yeux ravis, dépouillant chaque jour son enveloppe fœtale. Dis-moi, Charles, n'es-tu pas certain qu'elle existe, cette prêtresse ? Eh bien ! tu ne sais pas ou elle est : Eugène le sait ; il est déjà *en elle*, et voilà la différence entre toi et Eugène, entre le mort et le vivant, dans ce moment de désordre où le héros est inconnu, où la Sybille est ignorée.

Toi, mon fils, qui sais que la VIE est aussi insaisissable, aussi indéfinissable que DIEU ; toi qui n'as pas la prétention de *mesurer*, de *peser* DIEU ; toi qui vois en lui l'éternité, l'immensité, songe donc que *la vie de l'homme* c'est *Dieu tel que l'homme le sent*, et que chaque manifestation de Dieu est EN Dieu même, et par conséquent *ne meurt pas*. Ce qui vit n'a donc d'autre désir à former que de sentir croître sa vie ; c'est-à-dire d'ajouter, par un effort d'amour, à une vie qui devient *souvenir*, une vie qui était *espérance* ; voilà le mystère de la vie *éternelle*, comme le mystère de la vie *temporaire* est d'ajouter, en les UNISSANT, à un jour qui devient la *veille*, un autre jour qui était le *lendemain*. Or, dis-moi, me promets-tu d'ajouter des jours toujours plus beaux à ma vie, *lorsque la mort viendra*, comme j'en ajoutais sans cesse *avant ma mort*, de manière que ma *vie future* soit la *continuation* non interrompue de ma *vie présente*? Si tu ne me le promets point, je ne veux pas de ta vie future : c'est le *néant*. Pour moi, je te l'ai dit : comme le païen je m'unirai, par ma mort, de plus en plus au *passé*, comme le chrétien, à l'*avenir*. Sans doute, par cette UNION, je ne serai plus *le même*, mais je ne serai pas *toi*, car ce n'est pas *toi*, c'est *uni-à-toi* que je veux être; c'est aussi *distinct de toi* que je veux être, et il faut que tout cela *soit* pour que JE VIVE; or, ma révélation me le promet, j'y crois; la tienne ne m'en parle pas, elle est donc incomplète, je la repousse.

N'est-ce pas par toi que j'ai entendu citer ce rêve fantastique, épouvantable, de je ne sais quelle imagination allemande, — *deux hommes* IDENTIQUES! Conçois-tu rien d'horrible comme la situation de chacun de ces Sosies? La réalité d'un pareil songe serait effroyable. Eh bien! ton rêve n'est pas autre chose : de deux êtres *distincts*, tu n'en fais plus qu'un, et tu appelles cela donner la vie à l'un et à l'autre! Moi, de deux êtres *distincts*, j'en fais bien *un* aussi, mais c'est à condition qu'alors il y en aura *trois* : ainsi, du *père* ET de la *mère* je fais NAITRE l'*enfant*; mais j'ai toujours le père, la mère ET l'enfant; je *distingue*, par l'*esprit*, par la *pensée* (car c'est là un des attributs de mon être), ce qui, dans l'ENFANT, vient du père et vient de la mère; et, si cette *analyse* n'est pas poussée par moi, être *imparfait*, jusqu'à la perfection; si je ne peux pas dire, moi, être *fini*, voici le père, voici la mère, — du moins puis-je sentir et m'écrier que le *père* et la *mère* sont LA; et l'*enfant* me remercie de ma foi, car il tressaille lorsque, imposant mes mains sur sa tête, je lui dis : celle qui t'aimait d'un amour de *mère*, celui que tu aimais d'un amour de *fils*, ces deux sources de ton être, *unies en toi*, sont là : les MORTS n'ont pas d'autre tombe que le VIVANT.

Ces trois êtres qui co-existent *distincts* seront toujours *distincts* pour l'homme, car nous ne marchons pas plus vers l'*identité* que vers la *différence* ; et ces deux faces du PROGRÈS qui paraissent, au premier abord, contradictoires (comme la *nécessité* et la *liberté*), ne sont que la double expression de notre qualité d'êtres *finis, imparfaits*, mais *progressifs*. Cette expression est double, c'est-à-dire correspondante au point de vue de l'*unité* et de la *multiplicité*, parce que *l'une* ET *l'autre*, envisagées avec un ÉGAL amour, nous font sentir notre PROGRÈS vers l'INFINI, vers la PERFECTION, vers DIEU, qui n'a pas plus d'*identique* que de *différent*, vers DIEU qui ne DIFFÈRE de *rien*, puisqu'il est TOUT, et qui n'est SEMBLABLE qu'à *lui-même*.

En te parlant des Chrétiens, des Magnétiseurs, des Théurgiens, des Croyans à la métempsychose, je t'ai dit que ma foi comprenait les leurs, que mes espérances *renfermaient, justifiaient* les leurs, non dans ce qu'elles avaient de *négatif* les unes par rapport aux autres (comme dit COUSIN, qui n'a d'autre malheur que de n'avoir pas de *foi* ou d'*amour*, et qui, par cela seul, ne saurait réaliser ses prétentions à l'*éclectisme*, puisqu'il ne peut pas *choisir*); mais dans ce qu'elles avaient de *positif*, dans ce qu'elles affirmaient ; occupe-toi de faire ce travail ; mais disons de suite quelques mots des Chrétiens et des Magnétiseurs.

La véritable, je dirais presque la seule différence qui doit exister entre un chrétien et nous, c'est de mettre son *paradis* dans la *terre promise* ; et nous ne faisons cette transposition que parce que la TERRE ne nous paraît pas, comme au chrétien, de la *matière* seulement. De même, la différence qui nous sépare du païen, c'est que nous apportons *sur la terre* le *ciel* chrétien (*esprit pacifique*), tandis que le païen tenait fortement à la *terre*, parce qu'elle enfantait des *guerriers*, et la nourriture et le *fer* des *guerriers*.

Quant aux Magnétiseurs, leur affaire est claire. Ils croient que la meilleure manière de connaître les pensées d'un homme, de lui imposer les ordres d'une puissante volonté, c'est de le priver de son individualité, de le réduire à une abstraction de la vie, de le condamner à n'être qu'un organe passif du milieu qui l'entoure.

J'admets, tant qu'on voudra, qu'ils produisent, par ce moyen, des phénomènes extraordinaires, car je ne nie pas plus l'*extase* que l'*électricité* ; mais, moi, je te regarde *éveillé*, et si mon œil triste rencontre le tien, je le vois se mouiller ; si j'exprime un désir, tu te lèves, tu cours, tu te précipites ; ce que j'aime, je te le vois aimer ; ce que je sais, tu l'apprends et le professes ; si je travaille, tu viens m'aider de toutes tes forces : je dispose de ton cœur, de ton intelligence, de tes bras ; j'en dispose, mais ce n'est pas à ton insu ; tu ne *dors* pas, tu *veilles*, et nous en sommes l'un et l'autre *doublement* heureux ; je dis plus, nous ne le serions ni l'un ni l'autre sans nos deux consciences distinctes, réagissant l'une sur l'autre ; non comme *maître* et *esclave*, non comme *agent* et *patient*, mais comme puissances d'*autorité* et d'*obéissance* par AMOUR *réciproque*. Chaque phénomène magnétique que je produis ainsi sur toi me délasse, tandis qu'Alfred sue à grosses gouttes pour faire dire à un somnambule l'heure qu'il est. Je parle à un converti sur cette matière ; aussi mon but n'est-il pas de te faire sentir com-

bien mon magnétisme *normal* l'emporte sur celui des extati-
ques ; je veux simplement t'expliquer pourquoi j'ai dit que je
voulais tenir compte des rêves des Magnétiseurs.

Dans les époques critiques, les hommes qui cherchent le *lien*
des êtres peuvent bien rendre un culte à l'électricité, au magnétisme, à l'attraction moléculaire, affinités chimiques, etc... :
rien de mieux ; cela prouve que si l'amour n'est plus entre les
hommes, ils éprouvent une surexcitation d'amour à l'égard de
ce qui n'est pas homme : ainsi les vieilles femmes aiment beaucoup les chiens et les chats, lorsqu'elles n'aiment plus personne,
et ces estimables quadrupèdes sont généralement adorés en raison
directe de la désunion qui existe entre les hommes ; l'humanité
retourne en effet alors au fétichisme. — Le magnétisme arrive
toujours au moment où l'amour des hommes *va paraître*; il est
l'expression des efforts que font les *matérialistes* AIMANS pour
redevenir *hommes ;* dès que la *friction* se change en *imposition
des mains,* le monde est sauvé, l'ORDRE est né.

Or, que disent nos Magnétiseurs ?

Que le *patient* pense avec l'*agent* ; qu'il assiste, *comme lui-
même,* aux opérations de son esprit, aux plus secrètes émotions
de son cœur ; en un mot, que l'un et l'autre sont tellement
UNIS de volonté, qu'il n'y a pas de métaphore pour le magnéti-
seur lorsqu'il dit : *mon sujet* est TOUT ENTIER *en moi*; il a COM-
PLÈTEMENT abandonné la *place* que son *corps* occupe ; ce *corps*
n'est plus *rien* pour LUI ; le patient vit ENTIÈREMENT *hors de
lui,* etc., etc.... L'erreur n'est que dans ces mots, *complètement, entièrement, tout entier;* car il est vrai que l'on peut
vivre PRINCIPALEMENT *hors de soi* comme principalement *en soi*;
nous connaissons des êtres à *résignation* poussée jusqu'à l'*abné-*

gation PRESQUE complète d'eux-mêmes , comme nous connaissons des *égoïstes* qui semblent PRESQUE être *l'abstraction* contraire réalisée ; mais, même dans les cas d'*extase* les plus maladifs, même dans la *catalepsie*, l'existence du *moi* et celle du *non-moi* ne sauraient jamais être conçues comme *complètement* isolées l'une de l'autre.

Les Magnétiseurs constatent donc un fait, c'est que l'homme peut *s'abstraire* PRESQUE COMPLÈTEMENT dans l'un ou l'autre sens, et pousser cette abstraction si loin qu'il *croie*, dans son *exaltation* purement *individuelle*, l'avoir *réalisée* ; or, dire qu'il le croit, c'est dire qu'il le veut, qu'il l'aime, car il aime ce qui est une condition de son être ; il faut donc lui donner une satisfaction sur ces deux points, pourvu que l'un ne soit pas satisfait aux dépens de l'autre, et que tous deux ne soient jamais pour lui que l'une ou l'autre des expressions *imparfaites* de son amour, de sa vie ; il faut que sa foi religieuse dans la *vie* lui promette une vie *en lui* et une vie *hors de lui*, comme conditions indispensables de sa vie EN DIEU ; mais rappelons sans cesse à celui qui préfère la première à la seconde, qu'il faut aimer celle-ci pour sentir *plus vivement* encore celle qui a un attrait *particulier* pour lui ; faisons lui sentir, par les joies de *l'une* ET par celles de *l'autre*, le PROGRÈS NORMAL de son être. Ainsi, il aura une vie *propre*, toujours de plus en plus grande, une *vie* qui ne se CONFONDRA jamais avec une *autre* ; il aura également une vie participant à la vie de *tous*, de manière à ce qu'il puisse *alternativement* SE REPOSER (passivité) dans l'une, du MOUVEMENT (activité) de l'autre ; RÉFLÉCHIR (*posteriori*) dans l'une la CONTEMPLATION (*priori*) de l'autre. L'une sera sa vie *individuelle* (petit-monde), l'autre sa vie *collective* (grand-monde); l'une lui révèlera ses *intérêts* (égoïsme), l'autre lui rappellera ses *devoirs* (abnégation) ; toutes deux UNIES constitueront ce que nous appelons LA VIE D'UN HOMME, car la vie d'un homme consiste toujours dans l'*union* de deux MANIFESTATIONS *diverses*, mais *harmoniques*, de la VIE UNIVERSELLE.

J'ai dit que ces *deux*[2] *vies*[3] étaient des conditions indispensables de notre vie[1] EN DIEU, et, sans doute, tu as saisi cette dernière parole, et tu t'es écrié : Ah! voici la vie que j'aime, que je désire, que je veux[1].—PRÊTRE! tu as donc oublié qu'il existe des *théologiens*[2] et des *diacres*[3] ? POÈTE[1] ! tu crois donc que tu ne *réfléchis*[2] pas, que tu n'*agis*[3] pas ? Etre limité par le *tems*[2] et l'*espace*[3], tu veux sentir l'ÉTERNITÉ[2], l'IMMENSITÉ[3], en un mot l'IMMORTALITÉ[1], hors du *tems* et de l'*espace*, sans être soumis à cette DOUBLE *condition* de ton être FINI. PRÊTRE, POÈTE, HOMME , tu n'es pas DIEU ; aime le *tems* et l'*espace*, si tu veux l'IMMORTALITÉ ; aime *toi* dans les *autres*, aime les *autres* en *toi*, si tu prétends aimer DIEU, car la vie de l'*homme*, je le répète, ne sera jamais que l'UNION de deux manifestations de la VIE UNIVERSELLE ; c'est seulement ainsi qu'on peut concevoir le PROGRÈS vers la vie universelle. Or, de même que l'homme n'est pas DIEU, mais *progresse* vers DIEU, de même aussi notre vie n'est pas la VIE UNIVERSELLE ; elle est un PROGRÈS constant vers cette vie divine, qu'il nous est permis de *désirer* sans pouvoir la *définir*, et dont nous ne pouvons nous rapprocher qu'en AIMANT[1], de plus en plus, dans le *tems*[2] et dans l'*espace*[3], *spirituellement*[2] et *matériellement*[3], notre *prochain*[2] COMME[1] *nous-mêmes*[3], le *grand-monde*[2] COMME[1] le *petit-monde*[3], la *science*[2] COMME[1] l'*industrie*[3], notre *devoir*[2] COMME[1] nos *intérêts*[3], l'*obéissance*[2] COMME[1] l'*autorité*[3], la *théorie*[2] COMME[1] la *pratique*[3], la *réflexion*[2]

COMME l'*action*. Dis donc avec moi que c'est par l'UNION de plus en plus amoureuse de ces deux aspects de la vie (l'un et l'autre *indispensables*); que c'est par le progrès constant de la vie *en soi* et *hors de soi*, que l'homme s'avance vers la VIE UNIVERSELLE, et que sa vie EN DIEU ne veut rien dire, s'il ne la formule immédiatement sous ces deux faces, la vie *en notre prochain* et *en nous-mêmes*.

Je t'ai dit comment JE voulais vivre dans MON PROCHAIN, c'est-à-dire quelle *sera* ma vie *future* et quelle *a été* ma vie *passée*, au point de vue *spirituel* ou *collectif*; je t'ai dit aussi comment je désirais que mon prochain vécût en moi, c'est-à-dire quelle *a été* ma vie *passée* et quelle *sera* ma vie *future*, au point de vue *matériel* ou *individuel*. Par la première, c'est dans mes *pères* et mes *enfans* que *j'aimerai* et que *j'ai aimé*; ce sont *eux-mêmes* qui *m'ont développé* et *me développeront*; je me fais *passif* (remarque que c'est un des aspects de ma vie PRÉSENTE que je t'indique là) : dans la seconde, c'est *moi*, ce moi superbe, ce moi *actif*, ce petit-monde qui *attirait* ses PÈRES, qui *poussera* ses ENFANS vers DIEU. Je jouis donc, EN CE MOMENT, d'une VIE COMPLÈTE, *active* et *passive*, aussi complète du moins qu'il est donné à l'homme de la sentir. DIEU se manifeste à moi, dans le PRÉSENT, par les *traces* de PASSÉ et les *germes* d'AVENIR que le monde ACTUEL renferme, que moi-même, petit-monde, je renferme aussi; j'aime les unes qui m'*apprennent* d'où je *viens*; j'aime les autres qui m'*annoncent* où je *vais*; je les aime toutes deux, non d'un *même* amour, mais d'un *égal* amour; *j'obéis* aux unes, je *commande* aux autres; je me sens *logiquement enchaîné* par mon *passé*, *virtuellement libre* pour mon *avenir* : je jouis de la VIE SAINT-SIMONIENNE.

IMPRIMERIE DE CARPENTIER-MÉRICOURT, RUE TRAÎNÉE, N. 15, PRÈS S. EUSTACHE.